Visite de printemps

DATE	Ruche N°	Observations

Visite de printemps

DATE	Ruche N°	Observations

Visite de printemps

DATE	Ruche N°	Observations

Visite de printemps

DATE	Ruche N°	Observations

Visite de printemps

DATE	Ruche N°	Observations

Remplacement de la Reine

DATE	Ruche N°	Observations

Remplacement de la Reine

DATE	Ruche N°	Observations

Remplacement de la reine

DATE	Ruche N°	Observations

L'Essaimage

DATE	Ruche N°	Observations

L'Essaimage

DATE	Ruche N°	Observations

DATE	Ruche N°	Observations

L'Essaimage

DATE	Ruche N°	Observations

L'Essaimage

DATE	Ruche N°	Observations
		L'Essaimage

L'Essaimage

DATE	Ruche N°	Observations

Rajout des cadres

DATE	Ruche N°	Nombre cadres	Observations

Rajout des cadres

DATE	Ruche N°	Nombre cadres	Observations

Rajout des cadres

DATE	Ruche N°	Nombre cadres	Observations

Rajout des cadres

DATE	Ruche N°	Nombre cadres	Observations

Rajout de cadres

DATE	Ruche N°	Nombre cadres	Observations

Traitements

DATE	Ruche N°	Nom du produit	Observations

Traitements

DATE	Ruche N°	Nom du produit	Observations

Traitements

DATE	Ruche N°	Nom du produit	Observations

Traitements

DATE	Ruche N°	Nom du produit	Observations

Traitements

DATE	Ruche N°	Nom du produit	Observations

Nourrissement

DATE	Ruche N°	Observations

Nourrissement

DATE	Ruche N°	Observations

Nourrissement

DATE	Ruche N°	Observations

Nourrissement

DATE	Ruche N°	Observations

Nourrissement

DATE	Ruche N°	Observations

La division des colonies

DATE	Ruche N°	Observations

La division des colonies

DATE	Ruche N°	Observations

La division des colonies

DATE	Ruche N°	Observations

La division des colonies

DATE	Ruche N°	Observations

La pose des hausses

DATE	Ruche N°	Observations

La pose des hausses

DATE	Ruche N°	Observations

La pose des hausses

DATE	Ruche N°	Observations

DATE	Ruche N°	Observations

Récolte de printemps

DATE	Ruche N°	Nombre cadres	Observations

Récolte de printemps

DATE	Ruche N°	Nombre cadres	Observations

Récolte de printemps

DATE	Ruche N°	Nombre cadres	Observations

Récolte de printemps

DATE	Ruche N°	Nombre cadres	Observations

Récolte d'été

DATE	Ruche N°	Nombre cadres	Observations
			Récolte d'été

Récolte d'été

DATE	Ruche N°	Nombre cadres	Observations

Récolte d'été

DATE	Ruche N°	Nombre cadres	Observations

Récolte d'été

Ruche n°	DATE	N° de cadres	Observations

Vérification des provisions pour l'hiver

DATE	Ruche N°	Observations

Vérification des provisions pour l'hiver

DATE	Ruche N°	Observations

DATE	Ruche N°	Observations

Vérification des provisions pour l'hiver

DATE	Ruche N°	Observations

Vérification des provisions pour l'hiver

DATE	Ruche N°	Observations

DATE	Ruche N°	Observations

Visite d'automne

DATE	Ruche N°	Observations

Visite d'automne

DATE	Ruche N°	Observations

DATE   Ruche N°   Observations

Visite d'automne

DATE	Ruche N°	Observations

DATE	Ruche N°	Observations

Visite d'automne

DATE	Ruche N°	Observations

Achat de matériel

Date	Article	euro
		TOTAL=

Achat de matériel

Date	Article	euro
		TOTAL=

Achat de matériel

Date	Article	euro
		TOTAL=

Achat de matériel

Date	Article	euro
		TOTAL=

NOTES

NOTES

NOTES

NOTES

NOTES

NOTES

NOTES

NOTES

NOTES

NOTES

NOTES

NOTES

NOTES

NOTES

NOTES

NOTES

NOTES

NOTES

NOTES

NOTES

NOTES

NOTES

NOTES

NOTES

NOTES

NOTES

NOTES

NOTES

NOTES

NOTES

NOTES

NOTES

NOTES

NOTES

NOTES

NOTES

NOTES

NOTES

NOTES

NOTES

NOTES

NOTES

NOTES

NOTES

NOTES

NOTES

NOTES

NOTES

NOTES

NOTES